Ricardo Alexandre Batista Graça

I0201872

Guia Definitivo de Redação para o ENEM 2018
e Outros Concursos - Escreva em 7 Passos

1ª Edição

Rio de Janeiro

RME COMUNICAÇÃO

E IDIOMAS LTDA ME

2018

Produção editorial: Ricardo Graça

Revisão: Eduardo Graça

Diagramação e capa: Ricardo Graça

ISBN: 978-85-66084-09-2

Editado por

RME COMUNICAÇÃO E IDIOMAS LTDA ME

Agradecimentos

Agradeço aos meus pais Ricardo e Jussara; a minha esposa Míria por toda dedicação e apoio; ao meu irmão Eduardo pelo companheirismo e revisão, a todos os nossos familiares que fazem o que podem para nos ver bem. Ao amigo Rodrigo, pelas indicações do estudo. Aos amigos Bruno, Cíntia, Sumaya que me incentivaram a produzir conteúdo.

Ricardo Graça.

Índice

O que é uma redação?

Primeiramente, vamos à significação da palavra:

redação
substantivo feminino

1.

ação ou efeito de redigir, de escrever com ordem e método.

2.

expressão dada ao pensamento; maneira de redigir.
"tem uma *redação* clara e concisa"

É o processo de redigir (escrever) um texto; portanto, existem vários modos e tipos de redação.

Quanto aos modos, temos: descritivo, narrativo, dissertativo.

Quanto aos tipos, temos: Redação Jornalística, Redação Publicitária, Redação Escolar. O nosso foco para uma prova de ingresso em uma universidade, é a Redação Escolar, que possui algumas características importantes.

Características da Redação Escolar

É um ensaio dissertativo argumentativo, ou dissertativo expositivo, de tamanho curto, que não ultrapassa uma página. É utilizada para avaliar a capacidade de articulação das ideias na forma escrita, de estudantes. Na dissertação se expressa uma opinião, um ponto de vista sobre algo, mas não de forma declarada (a partir da primeira pessoa). O foco está no plano dos significados, onde o assunto é tratado.

No **modo expositivo**, expressa-se uma ideia de forma objetiva, tal como uma aula, um resumo, textos científicos, textos de jornais e revistas. O assunto é tratado tal como foi pesquisado, com dados, sem opiniões ou paixões.

No **modo argumentativo**, faz-se a defesa de ideias, ou do ponto de vista do autor. Além de expor, explicar a ideia, conduz o leitor às ideias do autor.

Veja no Mapa Mental abaixo, o resumo do que foi exposto acima:

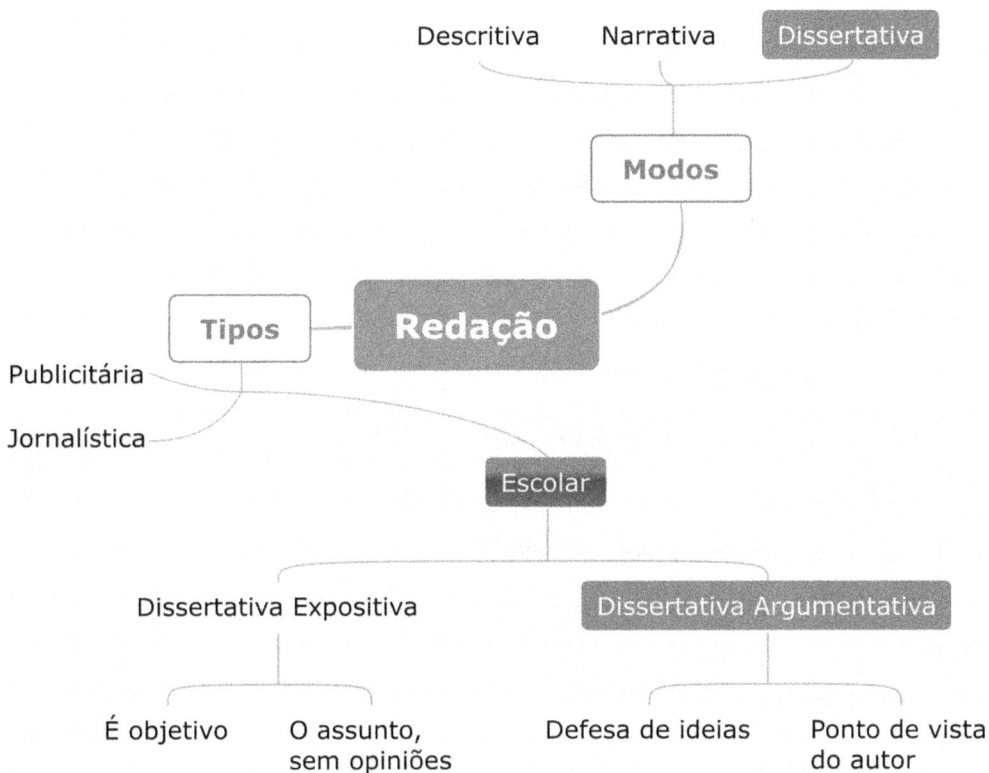

Descritiva   Narrativa   Dissertativa

Modos

Tipos   Redação

Publicitária

Jornalística

Escolar

Dissertativa Expositiva

Dissertativa Argumentativa

É objetivo   O assunto, sem opiniões

Defesa de ideias   Ponto de vista do autor

*Os elementos gráficos em **vermelho** são os que representam o tipo de redação escolar.*

Estrutura, Elementos e Organização

A estrutura da redação que estamos estudando é constituída de três momentos: Introdução, desenvolvimento e conclusão. Vamos agora entender cada um destes momentos.

Título

O título só é obrigatório se for solicitado nas instruções da prova de redação. Caso contrário, ele é opcional; porém, alguns gêneros como "notícias" pedem um título, e isso pode ser um detalhe nas instruções. Logo, uma dica é: Sempre elabore um título.

Introdução

Na introdução, expomos o que vamos tratar, e para escrevermos melhor, podemos utilizar essas três perguntas: O que? Onde? Quando? Ao respondermos essas três perguntas, conseguimos escrever as informações necessárias para apresentar nossa dissertação. A introdução é escrita em um único parágrafo, de aproximadamente 5 linhas.

Desenvolvimento

Para elaborar um desenvolvimento que te faça seguir em frente, sem precisar ficar rodeando para buscar o que escrever, podemos utilizar estes três recursos que são infalíveis:

1-Escrever sobre vantagens e desvantagens sobre o tema. Neste caso, cada um deles é construído em um parágrafo, que também ficam entre 5 e 8 linhas, cada.

2-Escrever sobre causas e consequências sobre o tema. Neste caso, cada um deles é construído em um parágrafo, que também ficam entre 5 e 8 linhas, cada. Se precisarmos de um terceiro parágrafo, podemos acrescentar um que trate dos problemas, ficando assim: problemas, causas e consequências.

3-Escrever do "maior para o menor"; por exemplo: o assunto no mundo, no seu país, e no seu estado. Também pode ser: no seu país, no seu estado, e na sua cidade. O que importa neste tipo de recurso como estrutura do texto, é você delimitar do maior para o menor. Cada um deles é construído em um parágrafo, que ficam entre 5 e 8 linhas, cada.

Conclusão

Para elaborar a conclusão, precisamos ter em mente que nesse último parágrafo (sim, também precisa estar em um único parágrafo), é um retorno à introdução, ou seja, relembramos o que estamos tratando e apresentamos na introdução. Nesta etapa, o texto precisa ter a ideia de fechamento.

O que pode, e o que não pode

Embora estruturar uma redação seja relativamente simples, algumas práticas podem impulsionar sua avaliação, ou podem fazer com que você seja mal avaliado. Vamos tratar disso agora.

No título

- O título não leva pontuação;

- Usar verbo no título é opcional;

- Não escreva todo o texto em caixa alta;

- Não utilize o tema como título;

- Para facilitar, pense em como criaria o título de um livro, ou um filme.

Na introdução

- Não se dirija ao leitor;

- Não escreva no imperativo, dando ordens. Ex: Faça, diga, etc.;

- Não utilize ditados populares;

- Não generalize. Ex: Ninguém, todo mundo, etc.

No desenvolvimento

- Não iniciar o desenvolvimento como se fosse uma continuidade da introdução, ou seja, não utilize: por causa disso, com isso, dessa maneira, etc.;

- Evite repetições, gírias, palavras vulgares;

- Evite cacófatos (palavra grega que significa: mau som). Por exemplo: "..ela tinha" = "é latinha"; "...nunca nisso" = "num caniço"; "..vez passada" = "vespa assada";

- Evite pleonasmos (é um exagero, uma redundância de termos). Por exemplo: "Há muito tempo atrás". Nesse caso, o verbo haver já transmite a ideia de tempo passado. O ideal seria: " Há muito tempo..."; "Vi com meus próprios olhos". Se você viu, com certeza foi com seus olhos.

Na conclusão

- Não usar expressões como "em resumo", "terminando" ou "concluindo";

- Não acrescentar novas informações que necessitam de desenvolvimento;

- Ter conexão apenas com um parágrafo ou assunto do desenvolvimento;

- Escrever mais de um parágrafo.

Recursos para escrever melhor a sua redação

Para escrever melhor, é preciso ler mais. A prática da leitura fará com que você adquira conhecimento sobre assuntos diversos, fará com que você perceba melhor a construção dos períodos(orações), e também permitirá que você conheça mais sobre a escrita de palavras, pontuações e acentuações.

Além da prática da leitura, podemos organizar melhor as nossas ideias, estruturá-las de forma mais coerente, e desenvolver melhor a construção de cada parágrafo. Mas, como fazer isso?

Primeiro, é preciso que você deixe de pensar na totalidade do objetivo final, pois isso pode assustar. Você lê um enunciado, descobre que precisa escrever uma redação que possua entre 20-30 linhas, e tem um tempo limitado para completar essa tarefa. Então, em vez de olhar para essa totalidade, vamos subdividir o objetivo "redação" em objetivos menores, e dessa forma, você consegue completar pequenos objetivos em um curto prazo de tempo, somando-os no objetivo maior, que é sua redação.

Essa prática estimula você a seguir em frente, com entusiasmo, e seguro de que pode avançar para um próximo objetivo menor.

Outra prática muito importante, que é ignorada por muitos devido ao pouco tempo para a conclusão da escrita de uma redação, é a utilização do rascunho. Utilize-o, pois é através dele que você aperfeiçoará o seu texto final. Você verá a seguir que no rascunho você também pode "desenhar" a sua estrutura para facilitar sua organização de ideias.

Agora, vamos entender melhor como organizar e estruturar um texto, definindo esses objetivos menores para um progresso coeso e produtivo na escrita.

Os 7 passos para escrever melhor e mais rápido

Passo 1: Palavras-chave

Leia o tema com atenção. Busque e marque palavras-chave no texto auxiliar que acompanha a redação. Se não houver um texto auxiliar, pense em palavras-chave relacionadas ao tema, e anote no seu rascunho. As palavras-chave podem ser simples ou compostas.

Exemplo:

Tema: Corrupção na política brasileira

Palavras-chave: lavagem de dinheiro, propina, desvio de verba, caixa dois, polícia federal, mídia, juízes corruptos, leis, caráter, cultura, educação, classe política, práticas, notícias, cultura de vantagem.

Note que as palavras-chave foram escolhidas por mim, mas você poderia ter pensado em outras. O que importa é que estas estejam relacionadas com o tema.

Passo 2: O título

O título é o que deve aguçar o leitor para o interesse na leitura do seu texto; portanto, deve ser tratado com muito cuidado. Eu, como autor, prefiro definir o título antes de criar o meu texto, pois me inspira e me direciona o foco na ideia central do que planejo desenvolver; porém, é uma prática comum definir o título ao final de toda a escrita, para "arrematar" o texto. Fica a seu critério em que ordem de criação esta etapa flui melhor. Leia o enunciado de sua prova, pois pode constar que é obrigatório o seu uso. Mesmo que não seja obrigatório, o título é o que aguça o leitor a ler o seu texto. Vamos ver abaixo, alguns passos para criar um bom título.

1. Tenha em mente que ele é a síntese do seu tema. Pense em como você criaria um título de livro, ou de um filme;

2. Ele deve ser curto; um mínimo de três palavras, e não avançando para mais de cinco;

3. O uso de verbo é opcional, mas lembre-se que utilizar uma expressão sem verbo nem sempre é fácil;

4. Se tiver verbo, é uma oração. Portanto, precisa de pontuação; caso contrário, não pontue o seu título;

5. Seu título pode ser uma pergunta, não há problema com isso; mas lembre-se de que ele é uma síntese do que vai tratar no seu texto;

6. Você pode deixar o título por último, mas se fizer isso, tome cuidado para não esquecer de criá-lo;

7. Não use o tema proposto como título;

8. Não escreva o título todo em maiúsculas;

9. Utilize as palavras-chave que escolheu no seu desenvolvimento;

10. Se houve espaço de linhas, pule uma linha para começar a escrever a introdução.

Exemplo:

Tema: Corrupção na política brasileira
Título: Corruptos pela cultura

Note que meu título se refere a uma das palavras-chave: **Cultura**. Essa escolha é que me levará a construir o desenvolvimento, ou seja, ligar a corrupção a uma cultura que leva a essa prática, em todos os níveis da sociedade. Essa é a minha ideia para ligar as duas palavras. Um *link* entre **corrupção** e **cultura**.

Passo 3: A introdução

Com a estrutura do desenvolvimento selecionada a partir do que o tema nos oferece, elaboramos a nossa introdução. A introdução expõe como será sua abordagem no assunto, localiza o leitor para o que virá. Para facilitar a sua construção, podemos utilizar o recurso de perguntas como: O que? Onde? Quando?

Exemplo:

Tema: Corrupção na política brasileira

Lembram das **palavras-chave?** Elas entram pela primeira vez na introdução, nos auxiliando a responder as perguntas acima. Vejamos as palavras-chave selecionadas: lavagem de dinheiro, propina, desvio de verba, caixa dois, polícia federal, mídia, juízes corruptos, leis, caráter, cultura, educação, classe política, práticas, notícias, cultura de vantagem.

Vejamos na construção de uma introdução:

"O caráter de grande parte da classe política, quanto as suas práticas, denota sua conduta corrupta, e mostra, nos dias atuais, que o Brasil carece de uma formação cultural que apresente tais práticas como equivocadas, desde os níveis de educação de base."

Palavras-chave encontradas: caráter, classe política, cultura, educação.

Respostas às perguntas: O que? O caráter da classe política denota sua conduta corrupta. Onde? No Brasil. Quando? Nos dias atuais.

Embora eu tenha utilizado mais de uma palavra-chave na introdução, você pode economizá-las, utilizando apenas uma, ou duas delas para construir suas frases. Note que, seguindo a ideia do *link,* apresentada na elaboração do título, eu conectei as palavras-chave: **corrupção** e **cultura**.

Passo 4: Estrutura do desenvolvimento

Veja qual tipo de desenvolvimento caberá melhor para o tema:

1- Causas (um parágrafo) e consequências (um parágrafo) (5-8 linhas cada parágrafo);

2- Vantagens (um parágrafo) e desvantagens (um parágrafo) (5-8 linhas cada parágrafo);

3- "Do maior para o menor". Três parágrafos. (5-8 linhas cada parágrafo). Exemplo 1: No Mundo, no Brasil, no seu estado. Exemplo 2: No Brasil, no seu estado, na sua cidade. Exemplo 3: No seu estado, na sua cidade, no seu bairro.

Ao descobrir qual tipo de desenvolvimento ficará mais fácil para tratar do tema, você pode trabalhar sua introdução para fazer caber a sua decisão de desenvolvimento.

No nosso caso, seguindo a ideia de tratar da corrupção através de uma cultura deficiente, que não é construída nas bases de nossa educação, podemos escolher duas estruturas: causas e consequências(1), ou "do maior para o menor"(3). Não cabe trabalhar na estrutura(2): vantagens e desvantagens. Se tiver informações, dados, que possam ser utilizados para a opção (3) "do maior para o menor", vale utilizar esta opção.

Passo 5: O desenvolvimento

No passo anterior, você escolheu que tipo de estrutura de desenvolvimento utilizará, e esta decisão já é um norteamento para escrever, ou seja, você já sabe para onde ir. O que você vai fazer agora é escolher a palavra-chave que cabe melhor para iniciar o seu parágrafo. A ideia central deste parágrafo está nessa palavra-chave. Se tiver dificuldade para criar um parágrafo apenas com uma palavra-chave, pode utilizar mais de uma; porém, tome cuidado para não criar outro assunto dentro deste parágrafo. É muito importante que cada parágrafo tenha sua ideia central bem definida.

Vamos seguir com o desenvolvimento em dois parágrafos: um para causas, e outro para consequências.

Exemplo:

Tema: Corrupção na política brasileira

Palavras-chave: lavagem de dinheiro, propina, desvio de verba, caixa dois, polícia federal, mídia, juízes corruptos, leis, caráter, cultura, educação, classe política, práticas, notícias, cultura de vantagem.

Estrutura: Causas e consequências.

Parágrafo (causas):

*A **corrupção** parece alheia a **nossas práticas,** e está pousada sempre sobre outro; no cidadão que está de fora do seio de nossa família. Assistimos, lemos, escutamos notícias dessa **corrupção na política,** como se fosse um mal exclusivo dessa casta, mas, se observarmos em nossa volta, todos praticam pequenos atos **corruptos.** Há uma **cultura de vantagem,** de "se dar bem" a qualquer custo, que não é devidamente abordada nos níveis de nossa **educação.***

Parágrafo (consequências):

*O resultado desse desleixo, em nossa forma de **educar** sem esse compromisso ético, moral, alimentando essa **cultura** da vantagem, permite que observemos as mesmas **práticas** em todas as esferas de poder. Vai de nosso lar, passando pelos vizinhos, e se propagando até o mais alto nível de alcance; onde nos absolvemos por um desejo de reparação para as desigualdades e repressões que sofremos, e apontamos o outro para nos aliviar a consciência.*

Passo 6: Conclusão

Para criar a conclusão, lembre-se que este parágrafo é único, claro, e é um "retorno à introdução", onde não se faz referência a algum item do desenvolvimento especificamente.

Uma forma de escrever mais facilmente esta parte, é reler a sua introdução, e pensar em como completar a ideia inicial com este parágrafo final.

Alguns modelos para iniciar uma conclusão:

1. Em virtude dos fatos mencionados...;

2. Levando-se em consideração esses aspectos...;

3. Em vista dos argumentos apresentados..;

4. Dado o exposto...;

5. Tendo em vista os aspectos observados...;

6. Em virtude do que foi mencionado...;

7. Por todos esses aspectos...;

8. Pela observação dos aspectos analisados....

Analisemos a introdução:

"O caráter de grande parte da classe política, quanto as suas práticas, denota sua conduta corrupta, e mostra, nos dias atuais, que o Brasil carece de uma formação cultural que apresente tais práticas como equivocadas, desde os níveis de educação de base."

Vamos concluir esse parágrafo com os recursos estudados:

"Por todos os aspectos mencionados, entendemos que se quisermos alterar a prática de corrupção na política, precisamos fazer melhor em nossos círculos sociais, não participando de qualquer vantagem que nos chegue. Também precisamos replicar essa boa prática, educando e cultivando as gerações mais jovens."

Passo 7: Resumo visual

Uma maneira de organizar o cérebro para enxergar melhor este layout de construção, é criar um resumo visual para me lembrar destas etapas. Basta recriá-lo em algum canto do rascunho.

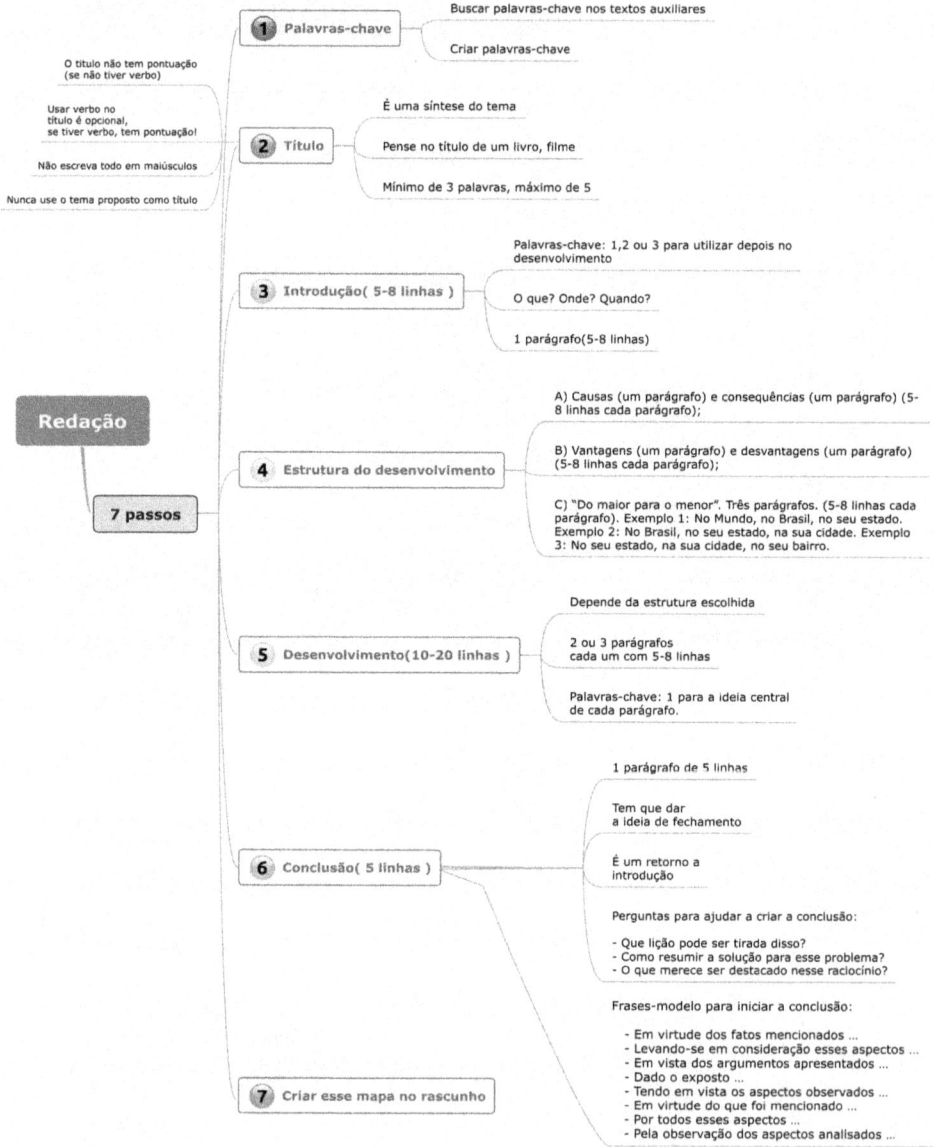

Redação — **7 passos**

1 Palavras-chave
- Buscar palavras-chave nos textos auxiliares
- Criar palavras-chave

2 Título
- O título não tem pontuação (se não tiver verbo)
- Usar verbo no título é opcional, se tiver verbo, tem pontuação!
- Não escreva todo em maiúsculos
- Nunca use o tema proposto como título
- É uma síntese do tema
- Pense no título de um livro, filme
- Mínimo de 3 palavras, máximo de 5

3 Introdução(5-8 linhas)
- Palavras-chave: 1,2 ou 3 para utilizar depois no desenvolvimento
- O que? Onde? Quando?
- 1 parágrafo(5-8 linhas)

4 Estrutura do desenvolvimento
- A) Causas (um parágrafo) e consequências (um parágrafo) (5-8 linhas cada parágrafo);
- B) Vantagens (um parágrafo) e desvantagens (um parágrafo) (5-8 linhas cada parágrafo);
- C) "Do maior para o menor". Três parágrafos. (5-8 linhas cada parágrafo). Exemplo 1: No Mundo, no Brasil, no seu estado. Exemplo 2: No Brasil, no seu estado, na sua cidade. Exemplo 3: No seu estado, na sua cidade, no seu bairro.

5 Desenvolvimento(10-20 linhas)
- Depende da estrutura escolhida
- 2 ou 3 parágrafos cada um com 5-8 linhas
- Palavras-chave: 1 para a ideia central de cada parágrafo.

6 Conclusão(5 linhas)
- 1 parágrafo de 5 linhas
- Tem que dar a ideia de fechamento
- É um retorno a introdução
- Perguntas para ajudar a criar a conclusão:
  - Que lição pode ser tirada disso?
  - Como resumir a solução para esse problema?
  - O que merece ser destacado nesse raciocínio?
- Frases-modelo para iniciar a conclusão:
  - Em virtude dos fatos mencionados ...
  - Levando-se em consideração esses aspectos ...
  - Em vista dos argumentos apresentados ...
  - Dado o exposto ...
  - Tendo em vista os aspectos observados ...
  - Em virtude do que foi mencionado ...
  - Por todos esses aspectos ...
  - Pela observação dos aspectos analisados ...

7 Criar esse mapa no rascunho

Os 20 Temas já abordados no ENEM

O ENEM já teve 20 edições, sendo a primeira delas em 1998. Neste capítulo, faremos um esquema estrutural para as 5 edições anteriores (até 2013) e listaremos os outros temas já abordados em cada uma das edições, propondo que vocês elaborem a parte estrutural destes como um exercício.

Tema 2017: Desafios para a formação educacional de surdos no Brasil

Palavras-chave: Educação, deficiência, preconceito, formação dos professores, estrutura escolar, acompanhamento, psicologia, diálogo, surdos, surdo-mudo, democracia, igualdade, comunicar, superação, estímulo, sociedade, exclusão, inclusão, cidadania, direito, dever, compromisso.

Sugestão para estrutura:

1- Título(opcional): Dar voz ao silêncio

2- Introdução (o que? Onde? Quando?)

Palavras-chave: cidadania, inclusão, dever

O que? = O desafio de educar o surdo-mudo. Onde? = No Brasil. Quando? = Nos dias atuais; em nossa atual realidade de comunicação global, onde a velocidade da informação e os recursos existentes para comunicar exigem mais inclusão e formação de toda a sociedade.

3- Desenvolvimento ("do maior para o menor"): Instituições, formação de professores, educação da sociedade

Parágrafo(instituições):

Palavras-chave: diálogo, compromisso, sociedade, igualdade, comunicar, direito, dever, compromisso.

Parágrafo(formação de professores):

Palavras-chave: estrutura escolar, formação, estímulo, superação

Parágrafo(educação da sociedade):

Palavras-chave: Educação, deficiência, preconceito, psicologia, diálogo, surdos, surdo-mudo, democracia, igualdade, comunicar, sociedade, inclusão, cidadania, direito, dever, compromisso.

4- Conclusão

"Pela observação dos aspectos analisados...."

Tema 2016: Caminhos para combater a intolerância religiosa no Brasil

Nessa prova, o ENEM disponibilizou textos para referências. São eles:

TEXTO I

Em consonância com a Constituição da República Federativa do Brasil e com toda a legislação que assegura a liberdade de crença religiosa às pessoas, além de proteção e respeito às manifestações religiosas, a laicidade do Estado deve ser buscada, afastando a possibilidade de interferência de correntes religiosas em matérias sociais, políticas, culturais etc.

Disponível em: www.mprj.mp.br. Acesso em: 21 maio 2016 (fragmento)

TEXTO II

O direito de criticar dogmas e encaminhamentos é assegurado como liberdade de expressão, mas atitudes agressivas, ofensas e tratamento diferenciado a alguém em função de crença ou de não ter religião são crimes inafiançáveis e imprescritíveis.

STECK, J. Intolerância religiosa é crime de ódio e fere a dignidade. Jornal do Senado. Acesso em: 21 maio 2016 (fragmento)

TEXTO III

CAPÍTULO I

Dos Crimes Contra o Sentimento Religioso

Ultraje a culto e impedimento ou perturbação de ato a ele relativo

Art. 208 – Escarnecer de alguém publicamente, por motivo de crença ou função religiosa; impedir ou perturbar cerimônia de culto religioso; vilipendiar publicamente ato ou objeto de culto religioso:

Pena – detenção, de um mês a um ano, ou multa.

Parágrafo único – se há emprego de violência, a pena é aumentada de um terço, sem prejuízo da correspondente à violência.

Brasil. Código Penal. Disponível em: www.planalto.gov.br. Acesso em: 21 maio 2016 (fragmento)

TEXTO IV

Intolerância Religiosa no Brasil
Fiéis de religiões afro-brasileiras são as principais vítimas de discriminação
Número de denúncias por religião (2011 a 2014*)

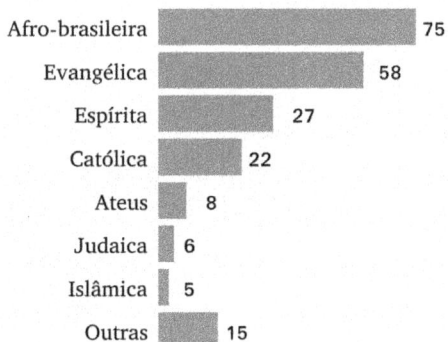

1 Denúncia a cada 3 dias

Afro-brasileira 75
Evangélica 58
Espírita 27
Católica 22
Ateus 8
Judaica 6
Islâmica 5
Outras 15

213 Denúncias com religião não informada

20% Dos episódios relatados em 2013 envolvem violência física

20% Dos episódios relatados até jul 2014 envolvem violência física

*Até julho 2014 - Fonte: Secretaria de Direitos Humanos da Presidência da República

Disponível em: www1.folha.uol.com.br. Acesso em: 31 maio 2016 (adaptado).

Palavras-chave: Igualdade, direito, laico, tolerância, respeito, cultura, maniqueísmo, verdade, fé, espaço, dignidade, privacidade, religião, judaico-cristã, africanas, orientais, esotéricos, direitos humanos, lei, denúncia, vítimas, legislação, proteção, criticar, dogmas, liberdade de expressão, ultraje, insulto, perturbação, escarnecer, publicamente, culto religioso, pena, multa.

Sugestão para estrutura:

1- Título(opcional): Caminhos para a tolerância

2- Introdução (o que? Onde? Quando?)

Palavras-chave: respeito, religião, liberdade

O que? = o combate a intolerância religiosa. Onde? = No Brasil. Quando? = Nos dias atuais; atualmente, na última década, ao longo dos últimos anos.

3- Desenvolvimento (causas, consequências):

Parágrafo(causas):

Palavras-chave: laico, cultura, maniqueísmo, verdade, fé, religião, criticar, dogmas, culto religioso.

Parágrafo(consequências):

Palavras-chave: direito, tolerância, cultura, espaço, dignidade, privacidade, direitos humanos, lei, denúncia, vítimas, legislação, proteção, liberdade de expressão, ultraje, insulto, perturbação, escarnecer, publicamente, pena, multa.

4- Conclusão

"Dado o exposto...."

Tema 2015: A persistência da violência contra a mulher na sociedade brasileira

Nessa prova, o ENEM solicitou mais do que uma análise sobre a questão. Os candidatos deveriam propor uma intervenção, pensando em uma possível solução.

Palavras-chave: machismo, patriarcado, violência, sexo, domínio, ideologia, superioridade, gênero, prazer, autoridades, leis, história, direitos, punições, imagem, possessividade, objeto, abuso sexual, delegacia da mulher, lei Maria da Penha, igualdade de gênero, evolução cultural, camadas sociais, dignidade, assédio moral, assédio sexual.

Sugestão para estrutura:

1- Título(opcional): Um basta na violência contra a mulher

2- Introdução (o que? Onde? Quando?)

Palavras-chave: igualdade de gênero, evolução cultural, machismo

O que? = A contínua violência contra a mulher Onde? = Em todas as camadas da sociedade brasileira. Quando? = Desde os primórdios de nossa História, na última década, nas últimas três décadas, nos últimos anos.

3- Desenvolvimento ("do maior para o menor"): No Brasil, na região (Nordeste, Sudeste, etc.), no estado (do Rio, Mato

Grosso, etc.); na cultura geral, no ambiente de trabalho, no seio familiar

Parágrafo(na cultura geral):

Palavras-chave: machismo, patriarcado, violência, sexo, domínio, ideologia, superioridade, prazer, autoridades, leis, história, direitos, punições, imagem, objeto, abuso sexual, delegacia da mulher, evolução cultural, camadas sociais, dignidade.

Parágrafo(no ambiente de trabalho):

Palavras-chave: machismo, sexo, superioridade, autoridades, leis, direitos, imagem, objeto, igualdade de gênero, dignidade, assédio moral, assédio sexual.

Parágrafo(no seio familiar):

Palavras-chave: machismo, patriarcado, violência, sexo, domínio, ideologia, prazer, punições, possessividade, abuso sexual, delegacia da mulher, lei Maria da Penha, camadas sociais, dignidade, assédio moral, assédio sexual.

4- Conclusão

"Como uma possível solução (lembrando o enunciado)...."

Tema 2014: Publicidade infantil em questão no Brasil

Nessa prova, o ENEM disponibilizou textos para referências. São eles:

TEXTO I

A aprovação, em abril de 2014, de uma resolução que considera abusiva a publicidade infantil, emitida pelo Conselho Nacional de Direitos da Criança e do Adolescente (CONANDA), deu início a um verdadeiro cabo de guerra envolvendo ONGs de defesa dos direitos das crianças e setores interessados na continuidade das propagandas dirigidas a esse público. Elogiada por pais, ativistas e entidades, a resolução estabelece como abusiva toda propaganda dirigida à criança que tem "a intenção de persuadi-la para o consumo de qualquer produto ou serviço" e que utilize aspectos como desenhos animados, bonecos, linguagem infantil, trilhas sonoras com temas infantis, oferta de prêmios, brindes ou artigos colecionáveis que tenham apelo às crianças. Ainda há dúvidas, porém, sobre como será a aplicação prática da resolução. E associações de anunciantes, emissoras, revistas e de empresas de licenciamento e fabricantes de produtos infantis criticam a medida e dizem não reconhecer a legitimidade constitucional do CONANDA para legislar sobre publicidade e para impor a resolução tanto às famílias quanto ao mercado publicitário. Além disso, defendem que a autorregulamentação pelo Conselho Nacional de Autorregulamentação Publicitária (CONAR) já seria uma forma de controlar e evitar abusos.

IDOETA, P. A.; BARBA, M. D. A publicidade infantil deve ser proibida? Disponível em: www.bbc.co.uk. Acesso em: 23 maio 2014 (adaptado).

TEXTO II

A PUBLICIDADE PARA CRIANÇAS NO MUNDO

QUÉBEC (Canadá)

REINO UNIDO

NORUEGA

ESTADOS UNIDOS

IRLANDA

SUÉCIA

DINAMARCA

COREIA DO SUL

FRANÇA

BÉLGICA

ITÁLIA

Autorregula-mentação
Não há leis nacionais, o setor cria normas e faz acordos com o governo

BRASIL

CHILE

AUSTRÁLIA

Alerta
Mensagens recomendam consumo moderado e alimentação saudável

Proibição parcial
Comerciais são proibidos em certos horários ou para determinadas faixas etárias

Personagens
Famosos e personagens de desenhos não podem aparecer em anúncios de alimentos infantis

Proibido
Não é permitido nenhum tipo de publicidade para crianças

Fontes: OMS e Conar/2013

Disponível em: www1.folha.uol.com.br. Acesso em: 24 jun. 2014 (adaptado)

TEXTO III

Precisamos preparar a criança, desde pequena, para receber as informações do mundo exterior, para compreender o que está por trás da divulgação de produtos. Só assim ela se tornará o consumidor do futuro, aquele capaz de saber o que, como e por que comprar, ciente de suas reais necessidades e consciente de suas responsabilidades consigo mesma e com o mundo.

SILVA, A. M. D.; VASCONCELOS, L. R. *A criança e o marketing: informações essenciais para proteger as crianças dos apelos do marketing infantil.* São Paulo: Summus, 2012 (adaptado).

Palavras-chave: pais constrangidos, desejo de consumo, propaganda, consumismo precoce, hábitos negativos, formação sociocultural, indústria publicitária, lucro, conduta moral, vulneráveis a persuasão, legislação, limites, capitalismo, educação, economia, valor virtual, valor real.

Sugestão para estrutura:

1- Título(opcional): Publicidade nociva para a criança

2- Introdução (o que? Onde? Quando?)

Palavras-chave: indústria publicitária, lucro, conduta moral

O que? = A publicidade infantil. Onde? = No Brasil. Quando? = Desde o crescimento da indústria, nos últimos anos.

3- Desenvolvimento(causas, consequências):

Parágrafo(causas):

Palavras-chave: propaganda, formação sociocultural, indústria publicitária, lucro, conduta moral, vulneráveis a persuasão, legislação, limites, capitalismo, educação, economia.

Parágrafo(consequências):

Palavras-chave: pais constrangidos, desejo de consumo, consumismo precoce, hábitos negativos, vulneráveis a persuasão, limites, valor virtual, valor real.

4- Conclusão

"Com as informações observadas...."

Tema 2013: Efeitos da implantação da Lei Seca no Brasil

Nessa prova, o ENEM solicitou boa argumentação e elaboração de proposta de intervenção ao problema abordado, respeitando os direitos humanos. Textos auxiliares:

TEXTO I

Qual o objetivo da "Lei Seca ao volante"?

De acordo com a Associação Brasileira de Medicina de Tráfego (ABRAMET), a utilização de bebidas alcoólicas é responsável por 30% dos acidentes de trânsito. E metade das mortes, segundo o Ministério da Saúde, está relacionada ao uso do álcool por motoristas. Diante deste cenário preocupante, a Lei 11.705/2008 surgiu com uma enorme missão: alertar a sociedade para os perigos do álcool associado à direção.

Para estancar a tendência de crescimento de mortes no trânsito, era necessária uma ação enérgica. E coube ao Governo Federal o primeiro passo, desde a proposta da nova Legislação à aquisição de milhares de etilômetros. Mas para que todos ganhem, é indispensável a participação de estados, municípios e sociedade em geral. Porque para atingir o bem comum, o desafio deve ser de todos.

Disponível em: http://www.dprf.gov.br. Acesso em: 20 jun. 2013

TEXTO II

Disponível em: www.brasil.gov.br. Acesso em: 20 jun. 2013.

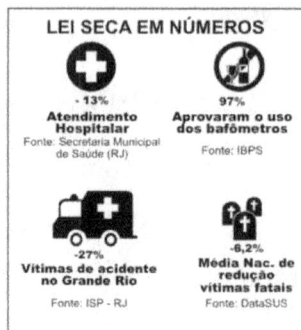

Disponível em: www.operacaoleisecarj.rj.gov.br. Acesso em: 20 jun. 2013 (adaptado).

TEXTO III

Repulsão magnética a beber e dirigir

A lei da física que comprova que dois polos opostos se atraem em um campo magnético é um dos conceitos mais populares desse ramo do conhecimento. Tulipas de chope e bolachas de papelão não servem, em condições normais, como objetos de experimento para confirmar essa proposta. A ideia de uma agência de comunicação em Belo Horizonte foi bem simples. Ímãs foram inseridos em bolachas utilizadas para descansar os copos, de forma imperceptível para o consumidor. Em cada lado, há uma opção para o cliente: dirigir ou chamar um táxi depois de beber. Ao mesmo tempo, tulipas de chope também receberam pequenos pedaços de

[44]

metal mascarados com uma pequena rodela de papel na base do copo. Durante um fim de semana, todas as bebidas servidas passaram a pregar uma pega no cliente. Ao tentar descansar seu copo com a opção dirigir virada para cima, os ímãs apresentavam a mesma polaridade e, portanto, causando repulsão, fazendo com que o descanso fugisse do copo; se estivesse virada mostrando o lado com o desenho de um táxi, ela rapidamente grudava na base do copo. A ideia surgiu da necessidade de passar a mensagem de uma forma leve e no exato momento do consumo.

Disponível em: http://www.operacaoleisecarj.gov.br. Acesso em: 20 jun. 2013 (adaptado)

Palavras-chave: implementação da lei, resistência, aceitação do erro, cultura, educação, veículo automóvel, volante, indústria, drogas lícitas, trânsito, bebida alcoólica, leis, motorista, acidentes, embriagues, mau hábito, irresponsabilidade, sentido, limites, mortes, ousadia, desafio de autoridade, liberdade, direitos humanos, intervenção.

Sugestão para estrutura:

1- Título(opcional): Mistura fatal: direção e álcool

2- Introdução (o que? Onde? Quando?)

Palavras-chave: bebida, veículo, acidentes, leis

O que? = Os efeitos da Lei Seca Onde? = No Brasil. Quando? = Desde sua implementação.

3- Desenvolvimento (problemas, causas, consequências):

Parágrafo(problemas):

Palavras-chave: implementação da lei, cultura, educação, resistência, direitos humanos.

Parágrafo(causas):

Palavras-chave: cultura, educação, veículo automóvel, volante, indústria, drogas lícitas, trânsito, bebida alcoólica.

Parágrafo(consequências):

Palavras-chave: trânsito, acidentes, mortes, diminuição de mortes.

4- Conclusão

"Uma proposta de intervenção(lembrando o enunciado)...."

Temas: 2012 – 1998

Para estes temas, sugiro, como exercício, que monte a estrutura de construção da redação seguindo os passos mencionados anteriormente. Embora pareça uma tarefa simples, estruturar sua redação otimizará sua produção durante a prova.

- **2012:** Movimento imigratório para o Brasil no século 21

- **2011:** Viver em rede no século 21: os limites entre o público e o privado

- **2010:** O trabalho na construção da dignidade humana

- **2009:** O indivíduo frente a ética nacional

- **2008:** Como preservar a floresta Amazônica: suspender imediatamente o desmatamento; dar incentivos financeiros a proprietários que deixarem de desmatar; ou aumentar a fiscalização e aplicar multas a quem desmatar

- **2007:** O desafio de se conviver com as diferenças

- **2006:** O poder de transformação da leitura

- **2005:** O trabalho infantil na sociedade brasileira

- **2004:** Como garantir a liberdade de informação e evitar abusos nos meios de comunicação

- **2003:** A violência na sociedade brasileira: como mudar as regras desse jogo

- **2002:** O direito de votar: como fazer dessa conquista um meio para promover as transformações sociais que o Brasil necessita?

- **2001:** Desenvolvimento e preservação ambiental: como conciliar os interesses em conflito?

- **2000:** Direitos da criança e do adolescente: como enfrentar esse desafio nacional

- **1999:** Cidadania e participação social

- **1998:** Viver e aprender

18 possíveis temas para o ENEM 2018

Para o ano de 2018 existem muitas possibilidades devido às grandes mudanças políticas, econômicas, tecnológicas que vêm acontecendo de forma repentina. Como o ano de 2018 é de eleições e Copa do Mundo, muitas questões que geram debates ideológicos vêm à tona.

1. Doenças epidêmicas, combate, epidemia, endemia, pandemia

Surto: há o aumento repentino do número de casos de uma doença em uma região específica. Para ser considerado surto, o aumento de casos deve ser maior do que o esperado pelas autoridades.

Epidemia: quando um surto acontece em diversas regiões. Uma epidemia em nível municipal acontece quando diversos bairros apresentam uma doença, a epidemia em nível estadual acontece quando diversas cidades possui casos, e a epidemia nacional acontece quando há casos em diversas regiões do país.

Pandemia: acontece quando uma epidemia se espalha por diversas regiões do planeta.

Endemia: não está relacionada ao quantitativo. Uma doença é classificada como endêmica (típica) de uma região quando acontece com muita frequência no local. As doenças endêmicas podem ser sazonais.

Em **2016**, a organização Médicos Sem Fronteiras publicou um alerta para cinco doenças que poderiam ser epidêmicas: cólera, malária, sarampo, meningite e um grupo de doenças menos conhecidas propagadas por vírus e parasitas.

No Brasil, há o vetor Aedes aegypti, que transmite várias doenças graves, como febre amarela, dengue, febre chikungunya; e zika vírus, que possui consequências graves e alarmantes, como sua associação à microcefalia congênita e síndromes neurológicas em bebês.

Todas essas doenças são um desafio para o sistema de saúde, para a comunidade científica e para a população.

Referências sobre o assunto:

Documentário sobre Zika e microcefalia (2016):
https://www.youtube.com/watch?v=m8tOpS515dA

Diálogo Brasil(TV Brasil) analisa surto de febre amarela no país(2017):

https://www.youtube.com/watch?v=QwolM8MK_U8

Um Olhar sobre o Mundo(TV Brasil) mostra o perigo das epidemias(2018):

https://www.youtube.com/watch?v=rKqkbCgLBu8

2. Saúde mental, depressão, ansiedade, síndrome do pânico

Essas enfermidades são causadoras de suicídios, assunto que foi muito tratado, em 2017, devido ao jogo Baleia Azul e à série *13 Reasons Why*. Entre os mais jovens, o uso da Internet, através de redes sociais e *cyberbullying* amplificam as possibilidades para uma saúde mental instável.

Ansiedade: Este é um dos principais transtornos psicológicos presente na vida de grande parte dos brasileiros. Segundo a Organização Mundial da Saúde: 33% de toda a população do mundo sofre desse mal. É uma doença que chega de forma rápida e silenciosa.

Depressão: De acordo com a Organização Mundial da Saúde, a depressão já atinge cerca de 350 milhões de pessoas em todo o mundo. É definida como um transtorno mental comum caracterizado por tristeza, angústia frequente, perda de interesse, ausência de prazer, cansaço, oscilações de sentimentos de culpa e baixa autoestima, além de distúrbios do sono e falta de apetite.

Síndrome do Pânico: De acordo com a Organização Mundial da Saúde, a síndrome do pânico pertence ao grupo dos chamados transtornos fóbicos ansiosos, onde se encontram as doenças ou sintomas que desencadeiam ansiedades extremas geradas por situações ou circunstâncias que não provocam perigo(somente na mente de quem as sente). Apresentam sintomas como: suor excessivo, coração acelerado, desconforto abdominal, tremores, náuseas, cólicas intestinais, falta de ar, entre outras.

Referências sobre o assunto:

Café com notícias (Hoje em Dia): Depressão e síndrome do pânico: saiba como tratar doenças da vida moderna(2016):

https://www.youtube.com/watch?v=qHYXc3Usugw

Fantástico(Tv Globo): bullying é tema da série Eu Amo Quem Sou(2016):

https://www.youtube.com/watch?v=kSmvL7Q8OKU

Domingo Espetacular(R7 TV): Baleia Azul: Como explicar que jovens se sintam atraídos por um jogo que estimula o suicídio?(2017)

http://r7.com/yue2

3. Sistema Carcerário brasileiro

Uma infraestrutura precária, na maior parte das cadeias, a superlotação e deterioração das celas, e até a falta de água potável, mostram o descaso à integridade humana. Ao final da pena o indivíduo terá dificuldades para se reintegrar na sociedade e tenderá a viver do trabalho informal ou, em muitos casos, voltar ao crime.

O Brasil é o quarto país do mundo em número de presos e o único desses quatro em que o número só aumenta. Em 1990, o país tinha 90 mil presos. Hoje são 607 mil(2017).

Quanto ao público feminino, a jornalista Nana Queiroz, autora do livro "Presos que menstruam", retratou a realidade de detentas que sofreram com os maus-tratos no cárcere, sendo excluídas até dos mínimos cuidados íntimos da mulher. Esses aspectos revelam a falta de políticas públicas que prezem pela saúde feminina, desde o tratamento destinado às gestantes, que não possuem um zelo diferenciado na gravidez e tampouco o auxílio médico na maioria do sistema carcerário brasileiro.

Há um constante aumento do número de mulheres presas, que é de 567% desde o ano 2000. A maioria das detentas foi presa por tráfico de drogas.

O ano de 2017 começou a morte de mais de 100 detentos. A notícia chamou atenção para a guerra de facções criminosas dentro de presídios brasileiros e mostrou a fragilidade do sistema penitenciário nacional.

Segundo os dados divulgados em 2014 pelo Sistema Integrado de Informações Penitenciárias do Ministério da Justiça (Infopen), o Brasil chegou à marca de 607,7 mil presos. Onde, 41% aguarda por julgamento atrás das grades. Ou seja, há 222 mil pessoas presas sem condenação.

Três episódios que aconteceram em 2017 demonstram a crise nos presídios brasileiros. Em 1º de janeiro, pelo menos 60 presos que cumpriam em Manaus (AM) foram mortos durante a rebelião que durou 17 horas. Na mesma semana, um tumulto em uma penitenciária em Roraima, onde 33 presos foram mortos. No dia 14, Rio Grande do Norte, pelo menos 26 presos foram mortos em rebelião na Penitenciária Estadual de Alcaçuz.

Após os eventos, cerca de 220 presos foram transferidos para outras penitenciárias. Estados como Minas Gerais, Santa Catarina e Paraná também enfrentaram esse tipo de problema. No dia 24 de janeiro, mais de 200 detentos fugiram do Instituto Penal Agrícola em Bauru (SP).

Diante dessa crise, o Ministério da Justiça anunciou a criação de um Grupo Nacional de Intervenção Penitenciária para atuar dentro dos presídios, em conjunto com as forças policiais estaduais.

As medidas sucederam ao anúncio do lançamento do Plano Nacional de Segurança Pública, datado para ser implementado em fevereiro(2017). O plano trata de ações conjuntas de segurança pública e inteligência por parte dos governos federal e estaduais para tentar reduzir o número de homicídios dolosos, feminicídios e violência contra a mulher em todo o país.

Referências sobre o assunto:

Globo News: "O sistema penitenciário no Brasil funciona como um grande funil", diz socióloga(2017):

http://g1.globo.com/globo-news/jornal-globo-news/videos/v/o-sistema-penitenciario-no-brasil-funciona-como-um-grande-funil-diz-sociologa/5579070/

Convesa com Bial (TV Globo): Drauzio Varella fala sobre importância de se falar sobre sistema penitenciário brasileiro(2017):

https://globoplay.globo.com/v/5866483/

4. Meio ambiente, Consumo e sustentabilidade

Preservação do ambiente e sustentabilidade são dois temas que estão interligados e podem surgir juntos na prova de redação. Vale pesquisar sobre projetos e programas de ações sustentáveis no país e no mundo, por exemplo, a Agenda 21.

A Agenda 21: é um programa articulado de ações resultante de diversos encontros promovidos pela Organização das Nações Unidas com o tema "Meio Ambiente e suas relações com o desenvolvimento". Trata-se da medida mais ampla já adotada para tentar executar a tarefa de promover um desenvolvimento sustentável em todo o mundo, ou seja, uma forma de desenvolvimento que vise à extração dos recursos da natureza para garantir o sustento do mundo atual sem prejudicar as gerações futuras.

O acidente em Mariana (MG) e seus impactos ambientais: Em 2015, ocorreu o pior acidente da mineração brasileira no município de Mariana, em Minas Gerais. A tragédia ocorreu após o rompimento de uma barragem (Fundão) da mineradora Samarco, que é controlada pela Vale e pela BHP Billiton.

Desenvolvimento sustentável: é regularmente definido como a capacidade de manter o crescimento econômico de um determinado território de forma a conservar os recursos naturais para que eles sejam garantidos para as gerações futuras. Esse conceito de desenvolvimento sustentável, embora questionado por muitos especialistas da área ambiental, foi elaborado durante os debates da Comissão Mundial sobre o Meio Ambiente e Desenvolvimento, criada pela Assembleia Geral da ONU no ano de 1983.

Consumo x sustentabilidade: O consumo exagerado promove o desgaste dos recursos naturais de modo acelerado, assim como uma economia voltada para as corporações do "lucro a qualquer custo" promove o desperdício e o descarte precoce.

Na média mundial, segundo estimativa da Organização das Nações Unidas para a Alimentação e a Agricultura (FAO), um terço dos alimentos se perde. A diferença é que, nos países pobres, o problema acontece no início da cadeia produtiva, por falta de tecnologia e dificuldades no armazenamento e no transporte. Já nos países ricos, a situação se agrava nos supermercados e na casa do consumidor, acostumado a comprar mais do que precisa. O Brasil perde nas duas pontas, porque tem tanto aspectos de países ricos quanto de países pobres.

Dados da Empresa Brasileira de Pesquisa Agropecuária (Embrapa) contabilizam em 10% o desperdício das frutas e hortaliças ainda no campo e indicam que a maior perda está no transporte: 50%. No Brasil, 58% do lixo é de comida. "O planeta produz o suficiente para alimentar 12 bilhões de pessoas, mas quase 900 milhões vivem em insegurança alimentar – comem num dia e no outro não.

Referências sobre o assunto:

Domingo Espetacular(R7): Veja como está Mariana (MG) um ano após o desastre que devastou a cidade:

https://noticias.r7.com/domingo-espetacular/videos/veja-como-esta-mariana-mg-um-ano-apos-o-desastre-que-devastou-a-cidade-21022018

Ministério do Meio Ambiente - Responsabilidade Socioambiental:

http://www.mma.gov.br/responsabilidade-socioambiental

5. Novas Tecnologias, avanços tecnológicos

O país e o mundo presencia avanços tecnológicos crescentes: o carro elétrico, energia solar, inteligência artificial. Em grande número nas áreas de informação e comunicação: os computadores, internet, televisão, câmeras, etc. Temas associados são a democratização da informação e a inclusão digital. Dentre os assuntos recentes, como o uso de *drones*, realidade aumentada, realidade virtual, chama a atenção em vários resultados de pesquisa os seguintes:

Impressão 3D de metais: A impressão 3D já existe há décadas, mas ainda é mais usada como hobby ou para a produção de protótipos. Além do plástico, versão mais comum, a impressão 3D de metais já está em vias de uso para pequenas indústrias.

Embriões artificiais: Embriologistas da Universidade de Cambridge conseguiram criar embriões de ratos usando apenas células-tronco de outro embrião, sem óvulo ou espermatozoide algum.

Internet das coisas / cidades sensíveis: A proposta é conectar o mundo físico ao mundo virtual através da Internet, onde a automação de tarefas, captação de dados teriam como objetivo melhorar a qualidade de vida de todos.

Inteligência artificial: A inteligência artificial é a combinação de múltiplas tecnologias que permitem que as máquinas percebam, compreendam, atuem, aprendam por conta própria, ou complementem as atividades humanas. Alguns pesquisadores preveem que a automação conduzida pela IA pode afetar 49% das atividades de trabalho e eliminar cerca de 5% dos empregos, um novo estudo da IDC/Salesforce aponta que até 2021, atividades de CRM habilitadas pela inteligência artificial poderiam aumentar as receitas de negócios globais em US$ 1,1 trilhão e criar 800 mil novos empregos — superando os perdidos para a automação.

Fones de tradução simultânea: O Google criou um fone que traduz quase em tempo real, o Pixel Buds. Pessoas podem utilizar seus smartphones para falar, enquanto o Pixel Buds traduz em tempo real a conversa para o respectivo idioma.

Referências sobre o assunto:

Canal do Youtube IBM Think Academy: O vídeo *Internet of things*, apresenta essa ideia: https://www.youtube.com/watch?v=QSIPNhOiMoE
Obs.: o vídeo está com áudio em Inglês, mas apresenta legenda.

Canal Olhar Digital: Inteligência artificial virou 'moda' em 2017(2017):

https://olhardigital.com.br/video/inteligencia-artificial-virou-moda-em-2017-confira-os-avancos/73127

6. Homofobia e Transfobia

A expectativa d vida de travestis e transexuais é de aproximadamente 36 anos, enquanto que o restante da população é de 73 anos; a cada 28 horas, 1 LGBT é morto no Brasil; desde 2008 1374 assassinatos de trans ocorreram em 60 países, e 539 só no Brasil (40%). fonte: http://www.reporterunesp.jor.br/transexualidade-vivencia-e-dificuldades/

Referências sobre o assunto:

Link1: https://oglobo.globo.com/sociedade/estudo-prova-que-transexualidade-nao-transtorno-psiquiatrico-19805459

Link2: https://oglobo.globo.com/sociedade/estudo-prova-que-transexualidade-nao-transtorno-psiquiatrico-19805459

7. Esporte na Sociedade

Lembrem-se que este ano é de Copa do Mundo, e tratando de esportes, também existem as Olimpíadas 2020 como uma referência; já que ambos tiverem suas edições anteriores no Brasil.

O esporte como referência ao modelo de sucesso, onde a ascensão financeira através da carreira atrai muitos jovens. Além desta referência ao esporte, há os projetos de inclusão social, e atividades de manutenção da saúde.

Vale ressaltar as Paralimpíadas, como evento que apresenta a sociedade a quebra de paradigmas em relação à deficiência, dependência e preconceito.

Referências sobre o assunto:

Link1: http://www.multirio.rj.gov.br/index.php/assista/tv/7301-desenvolvimento-humano-pelo-esporte

Link2: https://globoplay.globo.com/v/3656306/

Link3: http://www.institutoreacao.org.br/oinstituto/

Link4: https://www.terra.com.br/esportes/jogos-olimpicos/2016/superacao/paralimpiadas-o-maior-evento-de-superacao-do-planeta,fb447feb725d942803663a88908e0863ksm2j2d2.html

8. Questões Raciais, violência, xenofobia

Atualmente, de cada 100 pessoas assassinadas no Brasil, 71 são negras. De acordo com informações do Atlas da Violência 2017(IPEA), os negros possuem chances 23,5% maiores de serem assassinados em relação a brasileiros de outras raças, já descontado o efeito da idade, escolaridade, do sexo, estado civil e bairro de residência. Para mais informações, aqui está o link para o Atlas da Violência 2017: http://www.ipea.gov.br/portal/images/170602_atlas_da_violencia_2017.pdf

Referências sobre o assunto:

Link1: https://www.geledes.org.br/racismo-explica-causas-morte-negros-no-pais-entrevista-rodrigo-leandro-moura/

Link2: https://g1.globo.com/economia/concursos-e-emprego/noticia/60-dos-negros-dizem-ter-sofrido-racismo-no-trabalho-aponta-pesquisa.ghtml

Link3: https://projects.huffpostbrasil.com/xenofobia/

Link4: https://www.cartacapital.com.br/revista/953/no-brasil-o-odio-aos-imigrantes

9. Inclusão social de moradores de rua

Pesquisa do IPEA estima que o Brasil tem 101 mil moradores de rua. A maior parte dessa parcela da população está concentrada nos grandes municípios. O estudo alerta também para a necessidade de a população que vive nas ruas ser incorporada ao Cadastro Único para Programas Sociais (CADÚNICO) e, assim, obter acesso à transferência de renda e habitação, por exemplo. Apenas 47,1% da população de rua estimada estava cadastrada em 2015.

Texto para Discussão Estimativa da População em Situação de Rua no Brasil:

http://www.ipea.gov.br/portal/index.php? option=com_content&view=article&id=28819

Referências sobre o assunto:

Link1: http://g1.globo.com/profissao-reporter/noticia/2017/07/cresce-o-numero-de-moradores-de-rua-em-sao-paulo-e-no-rio-de-janeiro.html

Link2: https://g1.globo.com/rio-de-janeiro/noticia/numero-de-moradores-de-rua-com-curso-superior-cresce-75-em-1-ano-no-rj.ghtml

Link3: http://www.bbc.com/portuguese/brasil-40281757

10. Mobilidade urbana

Entre os anos de 2002 e 2012, segundo dados do Observatório das Metrópoles, enquanto a população brasileira aumentou 12,2%, o número de veículos registrou um crescimento de 138,6%. Há cidades no país que apresentam uma média de menos de dois habitantes para cada carro presente, o que inviabiliza quase todas as medidas para a garantia de um sistema de transporte mais eficiente.

Fonte: PENA, Rodolfo F. Alves. "Mobilidade urbana no Brasil"; Brasil Escola. Disponível em https://brasilescola.uol.com.br/geografia/mobilidade-urbana-no-brasil.htm

Referências sobre o assunto:

Link1: http://itdpbrasil.org.br/indicadores/

Link2: http://educacao.globo.com/geografia/assunto/atualidades/mobilidade-urbana.html

Link3: http://www.ntu.org.br/novo/upload/Publicacao/Pub636397002002520031.pdf

Link4: http://www.ipea.gov.br/portal/index.php?option=com_content&view=article&id=12932

11. Violência urbana

Entre janeiro de 2011 e dezembro de 2015, o Brasil teve um total de 278.839 assassinatos, levando a uma média aproximada mensal de **4.647,3** vítimas. Os dados incluem as ocorrências de homicídio doloso, latrocínio (roubo seguido de morte), lesão corporal seguida de morte e morte decorrente de ações policiais.

Fonte: Revista exame.

https://exame.abril.com.br/brasil/violencia-brasil-mata-mais-guerra-siria/

Referências sobre o assunto:

Link1: http://g1.globo.com/globo-news/milenio/videos/v/milenio-robert-muggah-analisa-dados-de-violencia-urbana-e-trafico-de-armas/5449285/

Link2: https://www.direitonet.com.br/artigos/exibir/1663/Os-numeros-da-violencia-urbana-no-Brasil-no-seculo-XXI

Link3: https://g1.globo.com/monitor-da-violencia/noticia/uma-semana-de-mortes-o-retrato-da-violencia-no-brasil.ghtml

12. Redes sociais e notícias falsas

As redes sociais se tornaram grandes veículos de informação, mas nem toda informação que circula é verdadeira. Isso acarreta a disseminação em massa de notícias falsas (*fake news*).

A pior parte é que são tidas como verdade por muitas pessoas. Nem todos filtram o conteúdo que recebem, e na maioria das vezes nem mesmo interpretam a notícia ou a leem até o final, compartilhando informações falsas e criando, assim, uma enorme rede de mentiras na internet. As *fake news* são utilizadas para mover a opinião pública, alterar resultados de eleições, além de criminalizar e difamar inocentes.

Embora esse fenômeno tenha se alastrado nas redes sociais, as *fake news* já existiam com a grande mídia, elas são tão antigas quanto a própria imprensa.

Referências sobre o assunto:

Link1: http://g1.globo.com/jornal-nacional/noticia/2018/03/eua-fazem-o-maior-estudo-sobre-fake-news-nas-redes-sociais.html

Link2: https://www1.folha.uol.com.br/poder/2018/02/fake-news-ganha-espaco-no-facebook-e-jornalismo-profissional-perde.shtml

Link3:
https://brasil.elpais.com/brasil/2018/02/09/politica/1518209427_170599.html

Link4: http://www.politize.com.br/como-identificar-noticias-falsas/

13. Reforma da previdência

A reforma de previdência no governo Michel Temer levanta a Proposta de Emenda à Constituição (PEC) 287, exige que o trabalhador, seja homem ou mulher, contribua durante ao menos 25 anos com o Instituto Nacional de Seguro Social (INSS) e estabelece idade mínima de 65 anos de idade para ter acesso ao benefício.

Esses fatores precisam ser combinados para que seja possível requerer a aposentadoria. Alcançar os 65 anos com menos de 25 anos de contribuição ou atingir os mesmos 25 anos de trabalho formal antes dos 65 anos de idade não permitirão o acesso à Previdência.

Atualmente, o cálculo para chegar a esse valor é feito com base no Fator Previdenciário ou na chamada regra 85/95, sancionada pelo governo Dilma em novembro de 2015.

A proposta do governo Temer é acabar tanto com o Fator Previdenciário quanto com a regra 85/95, estabelecendo cotas para o acesso à aposentadoria integral. Significa que, mesmo contribuindo por 25 anos, o trabalhador não terá direito à aposentadoria integral. Por exemplo, se um trabalhador contribuir com uma média de 2.000 reais durante

25 anos, ele receberá uma aposentadoria de apenas 1.520 reais quando chegar aos 65 anos de idade.

Caso queira receber um valor superior, o brasileiro deverá continuar no mercado formal após os 65 anos ou começar a trabalhar aos 16 anos. Na prática, para ter acesso à média integral do valor contribuído, será preciso trabalhar formalmente por 49 anos.

Fonte: https://www.cartacapital.com.br/economia/entenda-a-reforma-da-previdencia-que-vai-fazer-voce-trabalhar-mais

Referências sobre o assunto:

Link1: http://g1.globo.com/jornal-nacional/noticia/2018/02/governo-admite-que-reforma-da-previdencia-nao-vai-ser-votada.html

Link2: http://www.bbc.com/portuguese/brasil-42866668

Link3: https://exame.abril.com.br/economia/politicos-e-militares-sao-polemicas-da-reforma-da-previdencia/

Link4: https://apublica.org/2017/03/truco-6-fatos-sobre-a-reforma-da-previdencia/

14. Educação Domiciliar

A educação domiciliar ou *homeschooling*, é polêmica e passa a ser objeto de um novo projeto de lei: o PLS 28/2018. A proposta acrescenta um parágrafo no Código Penal para explicitar que "os pais ou responsáveis que ofertarem aos filhos educação domiciliar não incidem" no crime de abandono intelectual.

Outro projeto, o PLS 490/2017, regulamenta a educação familiar, autorizando-a e estabelecendo regras como a avaliação periódica e a obrigação de seguir a Base Nacional Comum Curricular. A proposta altera as Leis de Diretrizes e Bases da Educação Nacional (Lei 9.394/1996) e o Estatuto da Criança e do Adolescente (Lei 8.069/1990).

Referências sobre o assunto:

Link1: http://www.bbc.com/portuguese/brasil-42897647

Link2: https://g1.globo.com/educacao/noticia/os-atrativos-e-as-polemicas-da-educacao-domiciliar-que-virou-caso-de-justica-no-brasil.ghtml

Link3: https://www.correiobraziliense.com.br/app/noticia/eu-estudante/ensino_educacaobasica/2018/02/21/ensino_educacaobasica_interna,661440/em-fila-da-pauta-do-stf-educacao-domiciliar-e-tema-de-seminario.shtml

Link4: https://educacao.uol.com.br/noticias/bbc/2018/02/05/os-atrativos-e-as-polemicas-da-educacao-domiciliar-que-virou-caso-de-justica-no-brasil.htm

15. Padrão estético, beleza imposta

Os produtos midiáticos ditam um padrão estético que promove uma cobrança na sociedade por um ideal imagético, que muitas vezes não há como existir daquela forma, em outros biotipos. Esta imagem ideal referenciada em personas da mídia, também se associa a indústria do consumo de produtos acessórios a esse padrão.

Anorexia e bulimia têm sido alguns dos temas mais debatidos da atualidade; além das cirurgias estéticas consumidas de forma obsessiva para alcançar uma imagem de referência.

Referências sobre o assunto:

Link1: http://observatoriodaimprensa.com.br/diretorio-academico/_ed794_o_padrao_de_beleza_imposto_pela_midia/

Link2: https://istoe.com.br/48144_A+PARANOIA+DA+BELEZA+INATINGIVEL/

Link3: http://g1.globo.com/fantastico/noticia/2013/07/pesquisa-revela-qual-e-o-verdadeiro-padrao-de-beleza-da-mulher-brasileira.html

16. Trabalho escravo no século XXI

Cidades do Brasil tem trabalhadores privados de liberdade e vivendo sem condições sanitárias. Mesmo hoje, em pleno século XXI, o Brasil continua a prática do desrespeito à dignidade humana com do trabalho escravo.

Segundo cálculos da Comissão Pastoral da Terra, no Brasil, 25.000 pessoas, a maioria homens semianalfabetos, entre 25 e 40 anos de idade, trabalham nestas condições subumanas.

Referências sobre o assunto:

Link1: http://reporterbrasil.org.br/dados/trabalhoescravo/

Link2: https://g1.globo.com/economia/noticia/n-de-operacoes-contra-trabalho-escravo-cai-235-em-1-ano-total-de-resgatados-e-o-menor-desde-1998.ghtml

Link3: https://exame.abril.com.br/tecnologia/foxconn-e-alvo-de-denuncias-de-trabalho-escravo/

17. Justiça com as próprias mãos

As ondas de ódio popular, motivadas por posicionamentos ideológicos, religiosos ou políticos, promovem ações coletivas de muita violência, onde os participantes acreditam no seu próprio senso arbitrário de justiça, assim como na impunidade do ato, por estarem se apropriando de uma identidade coletiva.

Qualquer prática de tortura, mutilação, execução sumária ou cárcere privado, é crime. A Constituição Federal de 1988 diz, no inciso III do artigo 1º, que a dignidade humana é um princípio fundamental que vem para ser garantido a todos, sem distinção.

Referências sobre o assunto:

Link1: http://www.gazetadopovo.com.br/justica/a-barbarie-de-fazer-justica-com-as-proprias-maos-7hu0qccwpa9ha146efcjv9cjw

Link2: http://g1.globo.com/politica/dias-de-intolerancia/platb/

18. Povos indígenas

De acordo com a Fundação Nacional do Índio (FUNAI), a atual população indígena do Brasil é de aproximadamente 818.000 indivíduos, representando 0,4% da população brasileira. Vivendo em aldeias somam 503.000 indígenas. Há, contudo, estimativas de que existam 315 mil vivendo fora das terras indígenas, inclusive em áreas urbanas.

A luta dos índios brasileiros ainda é grande, pois suas terras vêm sendo tomadas para alocar atividade comercial. Massacres de povos indígenas foram marcantes em 2017.

Referências sobre o assunto:

Link1: https://revistagalileu.globo.com/Sociedade/noticia/2017/09/massacre-indigena-o-que-imprensa-internacional-diz-sobre-denuncia.html

Link2: http://politica.estadao.com.br/noticias/geral,orgaos-da-onu-e-a-oea-denunciam-massacre-de-indigenas-isolados-no-brasil,70002010579

Bibliografia

GARCIA, Orthon M. *Comunicação em Prosa Moderna*:
Aprenda a escrever, aprendendo a pensar. 27 ed. Rio de
Janeiro: Editora FGV, 2011.

KOCH, Ingedore Grunfeld Villaça. *A Coesão Textual*. São
Paulo. Editora Contexto, 1989.

www.ingramcontent.com/pod-product-compliance
Lightning Source LLC
Chambersburg PA
CBHW071930020426
42331CB00010B/2798